ΤΟ ΜΟΝΤΕΛΟ ΑΝΑΠΤΥΞΗΣ GREINER ΓΙΑ ΤΗΝ ΟΡΓΑΝΩΤΙΚΗ ΑΛΛΑΓΗ

ΒΑΣΙΚΕΣ ΠΛΗΡΟΦΟΡΙΕΣ

- **Ονόματα:** Greiner για την οργανωτική ανάπτυξη.

- **Χρήσεις:** Διαχείριση κρίσεων σε μια εταιρεία, καθορισμός στρατηγικής και μοντελοποίηση οργανωτικής ανάπτυξης.

- **Γιατί είναι επιτυχημένη;**

  - Το μοντέλο είναι θεωρητικά προγνωστικό. Ανάλογα με τον τομέα δραστηριότητας της επιχείρησης και τις αλλαγές στους περιβαλλοντικούς παράγοντες, επιτρέπει στους χρήστες να εντοπίσουν και να προβλέψουν την επόμενη κρίση (διαρθρωτική ή λειτουργική αλλαγή) που θα πρέπει να αντιμετωπίσει ο οργανισμός.

  - Επιτρέπει στους χρήστες να εντοπίζουν ορισμένους δείκτες από το παρελθόν του οργανισμού που είναι κρίσιμοι για τη μελλοντική του επιτυχία.

  - Διευκολύνει την κατανόηση του τρόπου λειτουργίας των ταχέως αναπτυσσόμενων εταιρειών (startups).

- **Λέξεις-κλειδιά:**

  - <u>Οργανωτική αλλαγή</u>: Η διαδικασία μετασχηματισμού της δομής σε ένα δεδομένο πλαίσιο.

ΤΟ ΜΟΝΤΕΛΟ ΑΝΑΠΤΥΞΗΣ GREINER ΓΙΑ ΤΗΝ ΟΡΓΑΝΩΤΙΚΗ ΑΛΛΑΓΗ

Πρόβλεψη κρίσεων και προσαρμογή σε έναν μεταβαλλόμενο επιχειρηματικό κόσμο

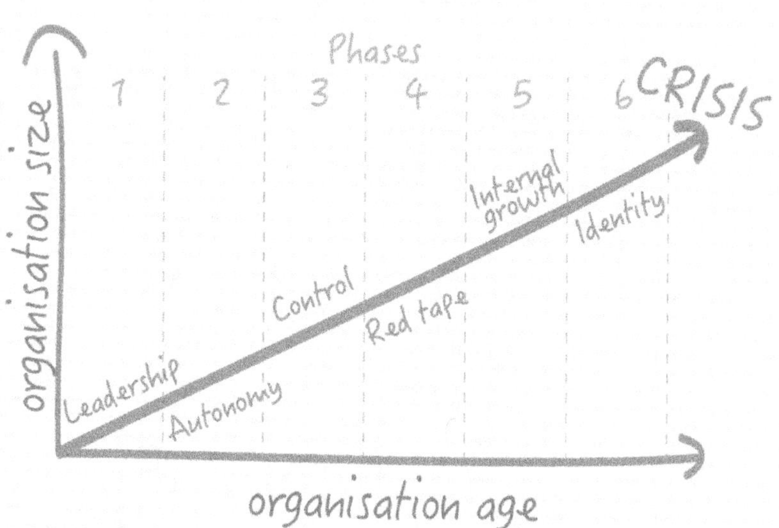

50MINUTES.com

ΤΟ ΜΟΝΤΕΛΟ ΑΝΑΠΤΥΞΗΣ GREINER ΓΙΑ ΤΗΝ ΟΡΓΑΝΩΤΙΚΗ ΑΛΛΑΓΗ

Πρόβλεψη κρίσεων και προσαρμογή σε έναν μεταβαλλόμενο επιχειρηματικό κόσμο

γραμμένο από Jean Blaise Mimbang
μεταφρασμένο από Lina Sideris

50MINUTES.com

- Οργανωτικός κύκλος ζωής: Ο κύκλος ζωής: Όλες οι φάσεις, από τη δημιουργία έως την πιθανή λήξη, από τις οποίες διέρχεται μια επιχείρηση.

ΕΙΣΑΓΩΓΗ

> *"Η ιστορία οποιουδήποτε τμήματος της Γης, όπως και η ζωή ενός στρατιώτη, αποτελείται από μεγάλες περιόδους πλήξης και σύντομες περιόδους τρόμου. "*

Αυτό το απόσπασμα από τον Βρετανό γεωλόγο Derek V. Ager, που αναφέρεται από τον Stephen Jay Gould (Αμερικανός παλαιοντολόγος, 1941-2002) στο βιβλίο του *The Panda's Thumb* (1982), θα μπορούσε, κατ' επέκταση, να εφαρμοστεί στους ανθρώπους και στις επιχειρήσεις. Πράγματι, όπως και οι άνθρωποι, έτσι και οι επιχειρήσεις είναι πολύπλοκοι οργανισμοί που υφίστανται διάφορες αλλαγές κατά τη διάρκεια της ύπαρξής τους. Οι αλλαγές αυτές περιλαμβάνουν περισσότερο ή λιγότερο σημαντικές περιόδους κρίσης που μπορεί να απειλήσουν την ίδια την επιβίωση του οργανισμού.

Εν όψει της σημερινής οικονομικής πραγματικότητας της παγκοσμιοποίησης, όλες οι επιχειρήσεις πρέπει να αντιμετωπίσουν την πρόκληση της ανταγωνιστικότητας. Οι επιχειρήσεις που καταφέρνουν να ανταποκριθούν σε αυτή την πρόκληση είναι εκείνες που διαχειρίζονται και προβλέπουν καλύτερα τις περιόδους αλλαγής και τις επόμενες φάσεις ανάπτυξης της επιχείρησης.

Ανάλογα με τον τομέα δραστηριότητας του οργανισμού και τους περιβαλλοντικούς παράγοντες, το μοντέλο που σχεδίασε ο Larry E. Greiner (Αμερικανός ακαδημαϊκός, γεννημένος το 1933) επιτρέπει σε μια επιχείρηση να απεικονίσει σε ποια φάση βρίσκεται σήμερα και να προβλέψει την επόμενη κρίση που θα πρέπει να αντιμετωπίσει, προκειμένου να τη μετατρέψει σε ευκαιρία για μια νέα φάση ανάπτυξης.

ΙΣΤΟΡΙΑ

Οι θεωρίες που σχετίζονται με τις οργανωτικές αλλαγές έχουν αναπτυχθεί από τη μεταπολεμική περίοδο και μετά, και συγκρίνονται και συνδέονται με τις τρεις μεγάλες οικονομικές περιόδους που έλαβαν χώρα από το 1945 και μετά (Desreumaux, 1996).

- Η πρώτη περίοδος ξεκίνησε μετά τον πόλεμο και ολοκληρώθηκε στις αρχές της δεκαετίας του 1970. Αντιστοιχεί σε μια φάση ισχυρής παγκόσμιας οικονομικής ανάπτυξης, με αποτέλεσμα ένα σύστημα σε ισορροπία.

- Η δεύτερη περίοδος ξεκίνησε με την έναρξη των πετρελαϊκών κρίσεων της δεκαετίας του 1970 και διήρκεσε μέχρι την οικονομική κρίση στις αρχές της δεκαετίας του 1980. Κατά τη διάρκεια αυτής της φάσης, που χαρακτηριζόταν από υψηλό ποσοστό θνησιμότητας των επιχειρήσεων και σημαντικές οργανωτικές αλλαγές, εμφανίστηκε το 1972 το μοντέλο ανάπτυξης Greiner.

- Η τρίτη και τελευταία αναγνωρίσιμη περίοδος εκτείνεται από τις αρχές της δεκαετίας του 1990 έως σήμερα. Το οικονομικό πλαίσιο αυτής της φάσης συνεχών αλλαγών χαρακτηρίζεται από αναταράξεις και απρόβλεπτες καταστάσεις.

ΟΡΙΣΜΟΣ ΤΟΥ ΜΟΝΤΕΛΟΥ

Σύμφωνα με τον Larry E. Greiner, κατά τη διάρκεια της ύπαρξής της, μια εταιρεία περνάει από πέντε σαφώς καθορισμένες φάσεις ανάπτυξης που διαδέχονται πέντε σημαντικές στιγμές, γνωστές ως "κρίσεις". Η μετάβαση από τη μία φάση στην άλλη επιτυγχάνεται μέσω διαρθρωτικών προσαρμογών που σηματοδοτούν την εξελισσόμενη φύση του οργανωτικού συστήματος.

Οι φάσεις της αλλαγής εξαρτώνται από τους εσωτερικούς (ηλικία, μέγεθος, φάσεις ανάπτυξης και επανάστασης κ.λπ.) και εξωτερικούς (ανταγωνισμός, γεωγραφική θέση, ρυθμός ανάπτυξης του κλάδου κ.λπ.) παράγοντες του οργανισμού. Οι πέντε φάσεις ανάπτυξης είναι οι εξής

- δημιουργικότητα,

- κατεύθυνση,

- αντιπροσωπεία,

- συντονισμό,

- συνεργασία.

Αυτές οι φάσεις είναι δυνητικά διανθισμένες με πέντε κρίσεις: ηγεσία, αυτονομία, έλεγχος, γραφειοκρατία και ανάπτυξη.

ΘΕΩΡΙΑ

ΚΥΚΛΟΙ ΖΩΗΣ

Με τον ίδιο τρόπο που ένας οργανισμός περνάει από φάσεις περισσότερο ή λιγότερο σημαντικών αλλαγών που μπορεί να θέσουν σε κίνδυνο την επιβίωσή του κατά τη διάρκεια της ιστορίας του, οι άνθρωποι αναπτύσσονται σταδιακά με την πάροδο του χρόνου, ενώ παράλληλα περνούν περιόδους κρίσης που μπορεί να επιφέρουν τον αφανισμό τους.

Βιολογικός κύκλος ζωής

Ο βιολογικός κύκλος ζωής αντιστοιχεί στη χρονική περίοδο κατά την οποία πραγματοποιείται ολόκληρη η ζωή ενός οργανισμού, ξεκινώντας από τη σύλληψή του. Σε γενικές γραμμές, ο βιολογικός κύκλος ζωής αρχίζει με τη γέννηση, ακολουθείται από μια περίοδο ανάπτυξης που οδηγεί στην ωριμότητα, πριν από μια ενδεχόμενη περίοδο παρακμής και, τέλος, το θάνατο. Ανάλογα με τον κύκλο ζωής που μελετάται, η ορολογία είναι διαφορετική, αν και η διαδικασία παραμένει συγκρίσιμη.

Μπορούμε να το καταδείξουμε αυτό χρησιμοποιώντας το παράδειγμα του βιολογικού κύκλου ζωής του ανθρώπου:

- Η σύλληψη ακολουθείται από τη γέννηση και την παιδική ηλικία. Αυτή είναι η "περίοδος εκκίνησης".

- Ακολουθεί η εφηβεία, η οποία χαρακτηρίζεται από τον πολλαπλασιασμό διαφορετικών εμπειριών εντός και εκτός του οικογενειακού κύκλου και αντιστοιχεί στη φάση που ονομάζεται "ανάπτυξη". Σε αυτή την περίοδο, ο άνθρωπος κατασκευάζει την προσωπικότητά του όσο καλύτερα μπορεί μέσα από δοκιμή και λάθος: αναπτύσσεται και αποκτά καθημερινά νέες γνώσεις και δεξιότητες. Κατά τη διάρκεια αυτής της φάσης ανάπτυξης, ανακαλύπτουν επίσης τα ταλέντα και τις αδυναμίες τους, που τους οδηγούν στην επιλογή επαγγέλματος, αλλά και συναισθήματα και συγκινήσεις, όπως ο έρωτας. Όλα αυτά αντιπροσωπεύουν μια θετική αλλαγή στη ζωή τους.

- Τέλος, αναπόφευκτα εμφανίζονται γεγονότα που αναστέλλουν την ανάπτυξη, όπως η συνταξιοδότηση και τα γηρατειά, σηματοδοτώντας τη μετάβαση στη φάση της παρακμής. Αυτή η "παρακμή" οδηγεί στο θάνατο, ο οποίος είναι αναπόφευκτος για όλους τους ζωντανούς οργανισμούς.

Επιχειρήσεις: μια σειρά κύκλων ζωής

Με την πρώτη ματιά, μπορεί να σκεφτούμε ότι μια εταιρεία έχει μόνο έναν κύκλο ζωής. Ωστόσο, αυτό δεν ισχύει καθόλου. Η επιχείρηση βρίσκεται συχνά σε ένα σταυροδρόμι, επειδή βιώνει πολλούς διαφορετικούς κύκλους ζωής, συμπεριλαμβανομένων των κύκλων ζωής υλικών (κύκλος ζωής προϊόντος, κύκλος ζωής τεχνολογίας ή κύκλος ζωής μάρκετινγκ), των ανθρώπινων και κοινωνικών κύκλων ζωής (κύκλος ζωής προσωπικού και κύκλος ζωής οργανισμού) και του κύκλου ζωής της επιχείρησης που διαχειρίζεται ανεξάρτητα.

- Η έννοια του **κύκλου ζωής του προϊόντος** χρησιμοποιείται τακτικά από τους επαγγελματίες του μάρκετινγκ, καθώς κάθε προϊόν ακολουθεί τον δικό του κύκλο ζωής. Ο κύκλος αυτός έχει συνήθως τέσσερις φάσεις: λανσάρισμα, ανάπτυξη, ωρίμανση και παρακμή. Ωστόσο, ορισμένοι αναλυτές προσθέτουν μια πέμπτη φάση, καθώς πριν από την κυκλοφορία ενός προϊόντος - όπως συμβαίνει με την εμβρυϊκή ανάπτυξη με τους ανθρώπους - η εταιρεία κάνει έρευνα αγοράς, παράγει πρωτότυπα κ.λπ. Αυτή η πρόσθετη φάση είναι η φάση ανάπτυξης και αποσκοπεί στη μείωση του κινδύνου αποτυχίας κατά την κυκλοφορία του προϊόντος.

- **Ο εμπορικός κύκλος ζωής** είναι παρόμοιος με τον κύκλο ζωής του προϊόντος, με μόνη διαφορά ότι η τέταρτη φάση αντιστοιχεί σε μια πιθανή επανακυκλοφορία.

- **Ο κύκλος ζωής της τεχνολογίας.** Όπως τα προϊόντα, έτσι και η τεχνολογία έχει το δικό της κύκλο ζωής που περιλαμβάνει τέσσερις φάσεις: πρώιμη τεχνολογία, αναδυόμενη τεχνολογία, βασική τεχνολογία και βασική τεχνολογία.

- **Κύκλος ζωής του προσωπικού. Όσον** αφορά το προσωπικό, υπάρχει επίσης ένας κύκλος ζωής με βάση τη σταδιοδρομία των μεμονωμένων εργαζομένων. Ο κύκλος αυτός αρχίζει με την πρόσληψη, η οποία ακολουθείται από την ανάπτυξη (συμπεριλαμβανομένης της κατάρτισης, της προαγωγής κ. λπ.), την ωριμότητα (σε αυτό το σημείο ο υπάλληλος είναι μεγαλύτερος σε ηλικία, οπότε θα πρέπει να αναζητηθεί αντικαταστάτης μεσοπρόθεσμα) και τελειώνει με την παρακμή (απόλυση, συνταξιοδότηση κ.λπ.).

- **Ο οργανωτικός ή επιχειρηματικός κύκλος ζωής**, τον οποίο ο Greiner παρουσιάζει ως μια αναπτυξιακή διαδικασία σε πέντε φάσεις.

ΟΡΓΑΝΩΤΙΚΗ ΑΛΛΑΓΗ

Υπενθυμίζεται ότι η οργανωτική αλλαγή ορίζεται σε σχέση με ένα συγκεκριμένο πλαίσιο ή κατάσταση. Μπορεί επίσης να οριστεί σε αντίθεση με τη συνέχεια.

Μοντέλα ανάπτυξης

Οι θεωρίες σχετικά με τον ρυθμό της οργανωτικής αλλαγής έχουν εξελιχθεί σημαντικά από τα τέλη της δεκαετίας του 1950. Για να διευκολύνουμε την ανάλυση των διαφόρων δομικών τυπολογιών, μπορούμε να εξετάσουμε τα συμπεράσματα του Alain Desreumaux (Γάλλος ακαδημαϊκός, γεννημένος το 1944) στο βιβλίο του *Nouvelles formes d'organisation et évolution de l'entreprise* (*Νέες μορφές οργάνωσης και εξέλιξης της επιχείρησης*) του 1996.

Ο συγγραφέας χρησιμοποιεί τις διαστάσεις του "επιπέδου ελέγχου των παικτών" (με διάκριση μεταξύ "ντετερμινισμού" και "εθελοντισμού") και του "εντοπισμού των παραγόντων" (διακρίνοντας τους "ενδογενείς" και τους "εξωγενείς" παράγοντες της αλλαγής- ορισμένοι θεωρητικοί θεωρούν ότι το περιβάλλον δεν είναι μόνο ο κινητήριος μοχλός της αλλαγής, αλλά και το στοιχείο επιλογής στους οργανισμούς).

Ο πίνακας του Desreumaux παρέχει μια επισκόπηση των κύριων θεωριών που σχετίζονται με τον ρυθμό της οργανωτικής αλλαγής.

- **Ντετερμινισμός. Τα** κύρια χαρακτηριστικά των κινημάτων που συνδέονται με τον ντετερμινισμό είναι η ικανότητα αδράνειας του οργανισμού και ο ισχυρός ρόλος του περιβάλλοντος στην αλλαγή των δομών του. Πράγματι, το περιβάλλον λειτουργεί ως εργαλείο επιλογής για τους οργανισμούς που δεν έχουν αναπτύξει την ευελιξία τους και, επομένως, την ικανότητά τους να προσαρμόζονται στις αλλαγές. Σύμφωνα με αυτή τη σχολή σκέψης, η αλλαγή είναι υποφερτή - τόσο από τους εργαζόμενους που μπορεί, για παράδειγμα, να βρεθούν απολυμένοι εν μία νυκτί, όσο και από τις επιχειρήσεις που δεν μπορούν να εξασφαλίσουν οικονομική ισορροπία. Οι ιστορικές και πολιτισμικές διαστάσεις, η φυσική ανθρώπινη αντίσταση στην αλλαγή, ο φόβος του αγνώστου κ.λπ. θεωρούνται σημαντικά εμπόδια στην αναδιοργάνωση της επιχείρησης. Αυτή η νεοδαρβινική άποψη προσπαθεί να δείξει τα όρια της ικανότητας προσαρμογής των οργανισμών. Σύμφωνα με μια ριζοσπαστική άποψη που ενσαρκώνεται από τους Αμερικανούς κοινωνιολόγους Michael T. Hannan και John H. Freeman (1977), οι ηγέτες δεν έχουν κανέναν έλεγχο επί του περιβάλλοντος, ενώ η λιγότερο ντετερμινιστική άποψη που υποστηρίζεται από τους Jeffrey Pfeffer (ειδικός στην οργανωσιακή συμπεριφορά, γεννημένος το 1946) και Gerald R. Salancik (θεωρητικός της οργάνωσης, 1943-1996) το 1978, αποδίδει συμβολικό ρόλο στους ηγέτες σε περιόδους αλλαγών.

- **Εθελοντισμός.** Το κίνημα του εθελοντισμού χαρακτηρίζεται από την ικανότητα των συμμετεχόντων να δημιουργούν μια δυναμική αλλαγής εντός του οργανισμού. Ο κινητήριος μοχλός της αλλαγής εδώ προέρχεται από τον ενεργητικό ρόλο των στελεχών που έχουν την ικανότητα -και τη βούληση- να αλλάξουν τον οργανισμό. Η μοίρα του βρίσκεται στα χέρια του στελέχους και όσων έχουν εξουσία. Ο κύριος εκπρόσωπος αυτής της σχολής σκέψης είναι ο John Child (θεωρητικός της διοίκησης και της οργάνωσης, 1972). Η οργανωσιακή αλλαγή γίνεται αντιληπτή ως ένα μέσο που ελέγχεται από τα στελέχη, το οποίο αποτέλεσε αντικείμενο στρατηγικής προληπτικής πρόβλεψης, η οποία πραγματοποιείται σε σταδιακή και συνεχή βάση. Η στρατηγική και οργανωτική ισχύς βασίζεται στην προθυμία των στελεχών να αλλάξουν και στην ικανότητά τους να αναγνωρίζονται ως νόμιμα: αυτό το είδος στελέχους περιγράφεται σήμερα ως "εμπνευσμένος ηγέτης". Η τάση της θεωρίας των στρατηγικών επιλογών περιλαμβάνει τις θεωρίες του στρατηγικού σχεδιασμού του Gerry Johnson (καθηγητής στρατηγικού μάνατζμεντ, 1987) και του Alain-Charles Martinet (Γάλλος καθηγητής διοικητικών επιστημών και διοίκησης επιχειρήσεων). Σύμφωνα με τους δύο αυτούς συγγραφείς, ο ρυθμός της αλλαγής μπορεί να λάβει επαναστατική κατεύθυνση λόγω της ικανότητας του ηγέτη να επιβάλλει προθεσμίες για την αλλαγή εντός του οργανισμού. Η αλλαγή, και κατά συνέπεια ο μετασχηματισμός των κοινωνικών δομών, είναι αποτέλεσμα της συνεχούς αλληλεπίδρασης μεταξύ διαφορετικών ατόμων (συλλογική νοημοσύνη που επιτρέπει την εξέταση νέων λύσεων). Μπορεί να γίνει κατανοητή ως "επανάληψη της διατύπωσης στόχων, της ανάπτυξης, της τροποποίησης και της αλληλεπίδρασης μεταξύ των φορέων"[1] (Giordano, 1995). Ωστόσο, δεν υπάρχει σταθερή αλληλουχία και είναι δύσκολο να προβλεφθούν ή να εντοπιστούν περίοδοι κρίσης στη δομή του οργανισμού.

Ανάπτυξη του οργανισμού

Γενικά, θεωρείται ότι τέσσερις φάσεις σηματοδοτούν την ανάπτυξη του οργανισμού: η σταθερή και συνεχής φάση, η

1. Αυτή η φράση έχει μεταφραστεί από το 50Minutes.com.

φάση ανάπτυξης χωρίς βαθιά αλλαγή, η φάση της ανεξέλεγκτης αλλαγής και η φάση του βαθύ μετασχηματισμού του οργανισμού.

- **Σταθερότητα και συνέχεια.**

- **Εμφάνιση σταδιακών αλλαγών:** κατά τη διάρκεια αυτής της περιόδου, οι συνεχείς αλλαγές επιτρέπουν στον οργανισμό να εξελίσσεται χωρίς να διαταράσσεται ολόκληρη η δομή του. Οι βασικοί προσδιοριστικοί παράγοντες της οργάνωσης αποτελούνται κυρίως από την ιστορία της εταιρείας, την κουλτούρα της και την υπάρχουσα οργανωτική δομή. Η οργανωτική αλλαγή ξεκινά κυρίως από ενδογενείς παράγοντες. Οι φάσεις ανάπτυξης περιγράφηκαν ως φάσεις αναζωογόνησης από τους Καναδούς ακαδημαϊκούς Henry Mintzberg και Frances Westley το 1992. Στο παράδειγμα που ανέπτυξε ο Desreumaux, αυτό αντιστοιχεί στην περίοδο οικονομικής ανάπτυξης μεταξύ 1945 και 1973.

- **Χάος.**

- **Δομική επανάσταση:** οι επαναστατικές διαδικασίες οργανωτικής αλλαγής συχνά αντιστοιχούν σε φάσεις υψηλής πίεσης από το εξωτερικό περιβάλλον, οι οποίες ωθούν τους οργανισμούς να εξελίσσονται με γρήγορο ρυθμό με κίνδυνο να εξαφανιστούν. Ο οργανισμός ωθείται τότε στα όρια της ικανότητάς του να δεχθεί την αλλαγή. Για τον Desreumaux, οι φάσεις αυτές εμφανίστηκαν με τις οικονομικές αναταραχές που συνδέονταν εν μέρει με τις πετρελαϊκές κρίσεις στα μέσα της δεκαετίας του 1970. Αντιστοιχούν σε φάσεις που περιλαμβάνουν την αμφισβήτηση των επιχειρηματικών μοντέλων, των θεμελιωδών αρχών της διαχείρισης του οργανισμού και της βασικής δομής του οργανισμού. Η τελευταία χαρακτηρίζεται από έντονη αντίσταση στην αλλαγή από άτομα και ομάδες ατόμων.

Για να ξεπεράσουν αυτή την επαναστατική φάση, την οποία οι Mintzberg και Westley (1992) αναφέρουν ως "περίοδο ανατροπής", οι οργανισμοί θα πρέπει να επικεντρωθούν κυρίως στη διαχείριση δύο βασικών στοιχείων, δηλαδή της κρίσης και της έκτακτης ανάγκης. Σε αυτό το σημείο, πρέπει να καταστρέψουν το παρελθόν για να οικοδομήσουν το μέλλον.

👁 ΑΝΤΙΣΤΑΣΗ ΣΤΗΝ ΑΛΛΑΓΗ

Σε περιόδους κρίσης, η αλλαγή μπορεί να γίνει αντιληπτή από τα άτομα ως ένα δραματικό γεγονός. Εάν η επικοινωνία δεν είναι σαφής, μπορεί να αισθάνονται απειλή, να φοβούνται την αβεβαιότητα και να εκδηλώνουν την αυθόρμητη αντίθεσή τους (για παράδειγμα με απεργίες). Η αντίσταση στην αλλαγή είναι μια φυσική αντίδραση των ατόμων που επιδιώκουν να προστατεύσουν τον εαυτό τους και να αμυνθούν με αυτόν τον τρόπο απέναντι σε οποιαδήποτε αμφισβήτηση της ισορροπίας και της σταθερότητας του οργανισμού που μπορεί να θέσει σε κίνδυνο τη δική τους λειτουργία ή/και τη νομιμοποίησή τους. Πολλοί θεωρητικοί, μεταξύ των οποίων οι Jeffrey Pfeffer και Gerald R. Salancik, εξηγούν τους μηχανισμούς της αντίστασης στην αλλαγή (ψυχολογικοί και κοινωνικοί μηχανισμοί αποκλεισμού ως απάντηση στην αβεβαιότητα κ.λπ.)

Η Connie Gersick (ειδικός στην οργανωσιακή συμπεριφορά, 1991) υπογραμμίζει τη σημασία της συνεκτίμησης της ιστορίας της επιχείρησης προκειμένου να αναλυθούν τα όρια της ικανότητάς της για αλλαγή. Επιπλέον, σύμφωνα με τον Nils G.M. Brunsson (σουηδός οικονομολόγος, 1982), η διαδικασία της επαναστατικής αλλαγής χαρακτηρίζεται από μια αλλαγή προοπτικής από τον οργανισμό, η οποία δημιουργεί αβεβαιότητα, αποθάρρυνση και εμποδίζει τη διαδικασία της αλλαγής να είναι σταδιακή.

ΣΤΑΔΙΑΚΕΣ ΠΡΟΣΕΓΓΙΣΕΙΣ ΤΟΥ ΚΥΚΛΟΥ ΖΩΗΣ

Όπως είδαμε, αυτή η δαρβινική προσέγγιση είναι εμπνευσμένη από τη βιολογία: ο οργανισμός θεωρείται ζωντανός οργανισμός και η ανάπτυξη θεωρείται φυσικό φαινόμενο. Από αυτή την άποψη, η οργανωτική αλλαγή περιλαμβάνει μια σειρά από σωρευτικές σταδιακές αλλαγές. Ο οργανισμός μπορεί να δεχτεί την αλλαγή εφόσον είναι περιορισμένη, ενώ οι σημαντικές αλλαγές είναι το αποτέλεσμα της απαρατήρητης συσσώρευσης μικρών τροποποιήσεων. Η θεωρία αυτή ορίζει την παραδοσιακή θεώρηση της αλλαγής ως μια σταδιακή και αυξητική διαδικασία, δομημένη γύρω από λογικές ακολουθίες που ονομάζονται φάσεις. Ο κύριος υποστηρικτής αυτής της θεωρίας, ο James B. Quinn (1980), πιστεύει ότι η αλλαγή είναι το άθροισμα πολλών μικρών γεγονότων που όλα επηρεάζουν το ένα το άλλο.

Η θεωρία του κύκλου ζωής είναι σχετικά παλιά και χρησιμοποιείται πολύ ευρέως στη διοικητική βιβλιογραφία. Σε ορισμένες περιπτώσεις, μπορεί να εφαρμόζεται περισσότερο σε οργανωτικές αλλαγές παρά σε στρατηγικές αλλαγές.

Οι Mintzberg και Westley παρατήρησαν το 1983 ότι ο κύκλος ζωής ενός οργανισμού διαρθρώνεται γύρω από πέντε φάσεις. Η πρώτη φάση είναι το στάδιο της ανάπτυξης, το οποίο ενσαρκώνεται από έναν οραματιστή ηγέτη που θέτει στόχους. Η δεύτερη φάση είναι το στάδιο της σταθερότητας, το οποίο χαρακτηρίζεται από το σχεδιασμό της οργανωτικής δομής, την εφαρμογή των διαδικασιών και τη διάρθρωση του οργανισμού. Ακολουθεί το στάδιο της προσαρμογής, το οποίο χαρακτηρίζεται από μικρές αλλαγές στην οργανωτική δομή και στρατηγική, σε αντίθεση με το στάδιο του αγώνα. Το τελευταίο αναγκάζει τον οργανισμό να βρει μια νέα στρατηγική κατεύθυνση. Στη συνέχεια, παρατηρούνται στην οργάνωση αταξία, προκλήσεις, παιχνίδια εξουσίας και αμφισβήτηση της τρέχουσας δομής. Το στάδιο της επανάστασης περιλαμβάνει αλλαγές που επηρεάζουν τη στρατηγική, την κουλτούρα, τις δομές και τα άτομα της επιχείρησης. Ο Mintzberg ενδιαφέρεται για τις σταδιακές αλλαγές και αναγνωρίζει την ύπαρξη περιόδων απότομων, σύντομων και έντονων αλλαγών στον οργανισμό.

ΤΟ ΜΟΝΤΕΛΟ ΑΝΑΠΤΥΞΗΣ ΤΟΥ LARRY E. GREINER

Για να περιγράψει το ιστορικό της ανάπτυξης της επιχείρησης, ο Larry E. Greiner (1972) προτείνει τον εντοπισμό δεικτών από το παρελθόν του οργανισμού που θα μπορούσαν να είναι καθοριστικοί για τη μελλοντική του επιτυχία.

Ο Greiner πιστεύει ότι είναι σημαντικό να γνωρίζουμε την ιστορία της εταιρείας προκειμένου να εντοπίσουμε τους βασικούς παράγοντες επιτυχίας και τις οικονομικές επιδόσεις με την πάροδο του χρόνου. Υποστηρίζει ότι οι ευκαιρίες της εξωτερικής αγοράς καθορίζουν τη στρατηγική μιας επιχείρησης, η οποία με τη σειρά της καθορίζει τη δομή του οργανισμού. Αυτή η δομή είναι κεντρική για τη μελλοντική ανάπτυξη της εταιρείας.

Σύμφωνα με τον ίδιο, κάθε οργανισμός περνάει από πέντε σαφώς καθορισμένες φάσεις κατά τη διάρκεια της ύπαρξής του. Κάθε φάση χαρακτηρίζεται από μια σταδιακή αλλαγή, η οποία ακολουθείται από μια μεταβατική κρίση ή μια σύντομη περίοδο επανάστασης. Η επίλυση αυτής της κρίσης είναι που επιτρέπει στην επιχείρηση να περάσει στην επόμενη φάση.

Φάση δημιουργικότητας

Αυτή η πρώτη φάση αντιστοιχεί στο λανσάρισμα της εταιρείας σε μια αναπτυσσόμενη αγορά από ιδρυτές που συχνά είναι τεχνικοί ή επιχειρηματίες, όχι απαραίτητα ηγέτες ή ακόμη και διευθυντές.

Η επικοινωνία εντός του οργανισμού είναι συχνή και ανεπίσημη, οι ιδρυτές και οι αρχικοί εργαζόμενοι δεν μετρούν τις ώρες τους και είναι γενικά ευχαριστημένοι με μέτριους μισθούς. Το πρωταρχικό κίνητρο είναι η επιτυχής έναρξη του έργου. Οι αρμοδιότητές τους δεν είναι πάντα σαφώς καθορισμένες, ο καθένας τους έχει να παίξει πολλούς διαφορετικούς ρόλους και ολοκληρώνουν τις καθημερινές τους προκλήσεις με ενθουσιασμό, συχνά μέσω συλλογικών μηχανισμών λήψης αποφάσεων: συμμετέχουν ενεργά στην οικοδόμηση του οργανισμού. Ο κίνδυνος σε αυτό το στάδιο αφορά τις δεσμεύσεις και τις αποχωρήσεις των μελών του οργανισμού (η έννοια της *affectio societatis*), διότι δεν χρειάζεται πολύ για να διαταραχθεί η ισορροπία της νέας δομής.

⊙ *Affectio Societatis*

Αυτός ο λατινικός όρος αναφέρεται στη σχέση μεταξύ των ατόμων που συμμετέχουν από κοινού στο κεφάλαιο μιας εταιρείας: μαζί επενδύουν, μοιράζονται τη λήψη αποφάσεων, μοιράζονται τα οφέλη και τους κινδύνους κ.λπ. Το πιο σημαντικό είναι ότι η *affectio societatis* εξασφαλίζει μια ορισμένη αρμονία, η οποία λογικά πρέπει να διαρκεί όσο η εταιρεία είναι ενεργή. Δυστυχώς, αυτό δεν συμβαίνει πάντα.

Η κατάσταση αυτή οδηγεί σε **κρίση ηγεσίας**. Αυτό συμβαίνει όταν η επιχείρηση, έχοντας αναπτυχθεί και ευημερήσει, πρέπει να αναδιαρθρώσει τις δραστηριότητές της όσον αφορά την παραγωγή αγαθών και υπηρεσιών, τη λογιστική, τη διαχείριση των ανθρώπινων πόρων κ.λπ. σύμφωνα με την αρχή της "εξειδίκευσης των λειτουργιών". Οι ιδρυτές δεν είναι λογικό να διαθέτουν όλες τις απαραίτητες δεξιότητες και, σύμφωνα με τον Greiner, δεν είναι σε θέση να παρακινήσουν τους νέους υπαλλήλους με τον ίδιο τρόπο όπως η αρχική ομάδα. Επιπλέον, μπορεί να μην είναι πραγματικά αποτελεσματικοί, επαγγελματίες μάνατζερ και να μην έχουν την ικανότητα να κατανοήσουν σύνθετες διοικητικές αποφάσεις.

Η λύση σε αυτή την κρίση είναι η πρόσληψη έμπειρων διευθυντών που γνωρίζουν πώς να εφαρμόσουν τις απαιτούμενες λειτουργικές δομές. Ωστόσο, η επιχείρηση αυτή ενέχει κινδύνους, καθώς οι ιδρυτές και οι αρχικοί εργαζόμενοι μπορεί να μπουν στον πειρασμό να διατηρήσουν το αρχικό πνεύμα και τον άτυπο χαρακτήρα του οργανισμού (επιθυμία διατήρησης της εξουσίας, κρίση αυτοεκτίμησης που προκαλείται από την αναγνώριση των ορίων τους κ.λπ.)

Φάση κατεύθυνσης

Ένα άτομο έχει αναλάβει την εξουσία και διευθύνει τον οργανισμό, επιτρέποντάς του να συνεχίσει την ανάπτυξή του σε ένα πιο επίσημο περιβάλλον και να επικεντρωθεί σε διαφορετικές δραστηριότητες, όπως το μάρκετινγκ και η παραγωγή. Αρχίζουν να εμφανίζονται οικονομικά κίνητρα για την παρακίνηση των ατόμων.

Ωστόσο, έρχεται η στιγμή που τα προϊόντα και οι διαδικασίες γίνονται τόσο πολυάριθμα που είναι αδύνατο για ένα άτομο να τα διαχειριστεί όλα σε μία ημέρα. Μερικές φορές δεν υπάρχει αρκετός χρόνος- άλλες φορές, η ροή των πληροφοριών (προϊόντα και υπηρεσίες) προς επεξεργασία είναι πολύ μεγάλη. Ως αποτέλεσμα, ο οργανισμός εισέρχεται σε μια νέα περίοδο κρίσης: την αυτονομία. Η **κρίση αυτονομίας** συνδέεται με την ανάγκη δημιουργίας νέων δομών που βασίζονται στην ανάθεση, αλλά και με προβλήματα χρηματοδότησης που σχετίζονται με την ανάπτυξη.

Η λύση σε αυτή την κρίση περιλαμβάνει όχι μόνο την αναδιάρθρωση του οργανισμού με βάση την ανάθεση ηγετικών αρμοδιοτήτων σε άλλα μέλη της εταιρείας, αλλά και την είσοδο εγχώριου ή/και ξένου κεφαλαίου στον οργανισμό.

Φάση ανάθεσης

Η λύση στην κρίση αυτονομίας οδηγεί στην εκχώρηση εξουσίας από τα ανώτερα στελέχη στα μεσαία στελέχη. Αυτά τα στελέχη είναι ελεύθερα να αντιδρούν γρήγορα στις ευκαιρίες και τις απειλές που προέρχονται από νέα προϊόντα, αγορές, ανταγωνιστές, τεχνολογίες και επιθυμίες και προσδοκίες των πελατών. Με αυτόν τον τρόπο, ο οργανισμός συνεχίζει να αναπτύσσεται.

Οι άνθρωποι που διοχετεύουν κεφάλαια δεν διευθύνουν απαραίτητα οι ίδιοι την εταιρεία. Στις περισσότερες περιπτώσεις, διορίζουν έναν αντιπρόσωπο για να τους εκπροσωπεί και να διασφαλίζει την αποτελεσματική χρήση των κεφαλαίων τους.

Αυτή η ανάθεση μπορεί στη συνέχεια να οδηγήσει σε **κρίση ελέγχου**. Ο διευθύνων σύμβουλος, ο οποίος θέλει να συνεχίσει να επιλύει μόνος του τα θεμελιώδη προβλήματα του οργανισμού, δυσκολεύεται να αφεθεί ελεύθερος. Ωστόσο, η δομή του οργανισμού έχει γίνει πολύ μεγάλη για έναν μόνο ηγέτη. Έτσι, από υπερηφάνεια, πολλοί ιδρυτές προκαλούν άθελά τους την πτώση των οργανισμών τους.

Η αντιμετώπιση αυτής της κρίσης απαιτεί μελετημένη ανάθεση αρμοδιοτήτων, η οποία περιλαμβάνει τη δημιουργία θέσεων προϊσταμένων τμημάτων και νέων γραφείων (τμημάτων ή θυγατρικών). Για να προχωρήσουμε μπροστά, θα πρέπει να επαναπροσδιοριστούν με σαφήνεια οι στόχοι, τα καθήκοντα και οι αρμοδιότητες των νέων ηγετών και να τους υποστηρίξουμε στις νέες τους αποστολές.

Φάση συντονισμού

Η ανάπτυξη συνεχίζεται με τον διαχωρισμό και την αναδιοργάνωση των επιχειρηματικών μονάδων (τμήματα ή θυγατρικές ανάλογα με το νομικό τους καθεστώς) σε ομάδες προϊόντων, υπηρεσιών και πόρων. Ιδανικά, οι στόχοι είναι κοινοί για το σύνολο της επιχείρησης, ενώ τα διάφορα τμήματα, τα οποία έχουν επίσης τους δικούς τους στόχους, απολαμβάνουν σχετική αυτονομία.

Η γραφειοκρατία γίνεται τόσο σημαντική ώστε το κόστος να επηρεάζει αρνητικά την ανάπτυξη του οργανισμού. Με την ανάπτυξη με αυτόν τον τρόπο, οι διοικητικές διατυπώσεις επισκιάζουν την πρωταρχική αποστολή του οργανισμού. Ως εκ τούτου, η φάση αυτή μπορεί να οδηγήσει σε **κρίση γραφειοκρατίας ή γραφειοκρατίας, η οποία** χαρακτηρίζεται από απώλεια ευελιξίας.

Για να ξεπεραστεί αυτή η κρίση, η εταιρεία θα πρέπει να καθιερώσει μια νέα κουλτούρα - με επίκεντρο το όραμα και τα βασικά καθήκοντα της εταιρείας - και να εισαγάγει μια νέα, πιο ευέλικτη, προσαρμοσμένη και παρακινητική δομή.

Φάση συνεργασίας

Για λόγους μείωσης του κόστους και μεγιστοποίησης των κερδών, οι φάσεις κατεύθυνσης και συντονισμού καθοδηγούνται από μια νέα, εμπνευσμένη και παρακινητική ηγεσία, η οποία ενθαρρύνει τον οργανισμό να επικεντρωθεί εκ νέου στις προτεραιότητές του. Οι προαγωγές, η εναλλαγή θέσεων εργασίας και η κατάρτιση επιτρέπουν στους ανθρώπους να διαπρέψουν στην εργασία τους. Η φάση αυτή ολοκληρώνεται με μια εσωτερική κρίση ανάπτυξης. Γενικότερα, ο Greiner πρότεινε ότι η ανάπτυξη μέσω της συνεργασίας μπορεί να προκαλέσει μια μελλοντική κρίση, αλλά αυτό παρέμεινε απροσδιόριστο το 1972.

Μελλοντικές εξελίξεις

Πρόσφατα, ο Greiner πρόσθεσε μια έκτη φάση στο αρχικό του μοντέλο. Υποστηρίζει ότι η περαιτέρω ανάπτυξη θα προέλθει μόνο από την εξωτερική ανάθεση (ανάπτυξη συνεργασιών με συμπληρωματικούς οργανισμούς) των μη βασικών δραστηριοτήτων του οργανισμού.

Αυτή η έκτη φάση, η οποία επιτρέπει την ανάπτυξη μέσω εξω-οργανωτικών λύσεων, έχει μια σειρά από σημαντικά πλεονεκτήματα:

- επαναπροσανατολισμός των βασικών ικανοτήτων της εταιρείας στις βασικές δραστηριότητές της,

- μείωση του μεγέθους και της πολυπλοκότητας της διοίκησης (downsizing),

- περιορισμός του κόστους (λιγότερες σταθερές δαπάνες που αφορούν το προσωπικό και περισσότερες εμπορικές δαπάνες, οι οποίες ενδέχεται να επηρεαστούν από τον ανταγωνισμό),

- διασφάλιση της ποιότητας (ο πάροχος υπηρεσιών θέλει να διατηρήσει τη θέση του),

- μεγαλύτερη ευελιξία για την εταιρεία, η οποία μπορεί να αλλάζει τους συνεργάτες της στα ανάντη (προμηθευτές) και στα κατάντη (διανομή) ανάλογα με τις δικές της στρατηγικές ανάπτυξης.

ΕΡΜΗΝΕΙΑ ΤΟΥ ΚΑΘΕΣΤΩΤΟΣ ΕΠΙΧΕΙΡΗΜΑΤΙΚΗΣ ΑΝΑΠΤΥΞΗΣ

Κάθε οργανισμός βιώνει περιόδους σχετικής σταθερότητας και περιόδους κρίσης. Οι άνθρωποι, οι δομές και οι διαδικασίες που φαίνονταν κατάλληλες όταν η εταιρεία είχε φτάσει σε ένα ορισμένο μέγεθος ή ηλικία δεν είναι πλέον κατάλληλες όταν ο οργανισμός μεγαλώνει και ωριμάζει. Η διοίκηση, γνωρίζοντας το παρελθόν του οργανισμού της, μπορεί επομένως να προβλέψει την επερχόμενη κρίση, να προετοιμαστεί γι' αυτήν, λαμβάνοντας τα κατάλληλα μέτρα για το στάδιο ανάπτυξης που έχει επιτευχθεί, και με τον τρόπο αυτό να μετατρέψει μια κρίσιμη κατάσταση σε αφετηρία μιας νέας φάσης ανάπτυξης.

Δεν έχουν περάσει ακόμη όλοι οι οργανισμοί από αυτές τις πέντε φάσεις. Ορισμένοι, αν σταθεροποιηθούν σε ένα δεδομένο μέγεθος και πολυπλοκότητα, μπορούν κάλλιστα να παραμείνουν επ' αόριστον στην αντίστοιχη φάση. Μόνο οι ευρωπαϊκές και κυρίως οι αμερικανικές γιγαντιαίες επιχειρήσεις βρίσκονται σήμερα στην τελευταία φάση του μοντέλου ανάπτυξης Greiner. Ωστόσο, κάθε οργανισμός που αναπτύσσεται θα πρέπει να βιώνει αυτές τις διαδοχικές περιόδους ηρεμίας και κρίσης, με την ταχύτητα με την οποία περνούν από τη μία φάση στην άλλη να εξαρτάται από τον ρυθμό με τον οποίο αναπτύσσεται η επιχείρηση και ο κλάδος της.

Στην περίπτωση μιας νεοσύστατης επιχείρησης (μια καινοτόμος επιχείρηση με μεγάλες δυνατότητες ανάπτυξης που απαιτεί σημαντικές επενδύσεις για τη χρηματοδότηση της ταχείας ανάπτυξής της), εάν ο επιχειρηματίας επιθυμεί να κάνει την ιδέα του πραγματικότητα και να προσφέρει το προϊόν ή την υπηρεσία στην αγορά, θα πρέπει να διαθέτει όχι μόνο οικονομικούς πόρους, αλλά και τις διοικητικές δεξιότητες που είναι απαραίτητες για την έναρξη, την ανάπτυξη και τη βιωσιμότητα της επιχείρησης. Η διαδικασία ανάπτυξης μιας νεοφυούς επιχείρησης μπορεί να αναλυθεί ως εξής:

τη γέννηση μιας ιδέας και την αναζήτηση συνεργατών ή/ και συναδέλφων, τη δημιουργία του σχεδίου σε μια άγνωστη χώρα, και τις φάσεις ενημέρωσης και προώθησης,

το ενδιαφέρον του κοινού για το προϊόν ή την υπηρεσία που προσφέρεται και την έναρξη της διαχείρισης των αποθεμάτων και των προβλημάτων εφοδιασμού,

ανάθεση αρμοδιοτήτων σε έμπειρα στελέχη που ακολουθούν την ανάπτυξη της εταιρείας,

η εταιρεία γίνεται "πολύ μεγάλη", οδηγώντας σε γραφειοκρατικά προβλήματα που εμποδίζουν την ανάπτυξη της εταιρείας- αν δεν γίνει καμία αλλαγή στη στρατηγική, αυτό μπορεί να οδηγήσει στην παρακμή της.

Η σωστή χρήση του μοντέλου ανάπτυξης Greiner επιτρέπει στους ηγέτες να προβλέπουν τα επόμενα βήματα και να διασφαλίζουν τη βιωσιμότητα του οργανισμού, γνωρίζοντας ότι οι νεοφυείς επιχειρήσεις συνήθως απολαμβάνουν τέσσερα έως οκτώ χρόνια συνεχούς ανάπτυξης χωρίς σημαντικά οικονομικά προβλήματα ή σοβαρές εσωτερικές διαταραχές.

ΠΕΡΙΟΡΙΣΜΟΙ ΚΑΙ ΕΠΕΚΤΑΣΕΙΣ

ΠΕΡΙΟΡΙΣΜΟΙ ΚΑΙ ΚΡΙΤΙΚΕΣ

Στόχος του μοντέλου ανάπτυξης Greiner είναι να προειδοποιήσει τους ηγέτες των επιχειρήσεων για την πιθανή ύπαρξη κρίσεων που θα αντιμετωπίσει η εταιρεία τους κατά τη διάρκεια της ανάπτυξής της. Ωστόσο, η θεωρία αυτή έχει τους περιορισμούς της και έχει αντιμετωπίσει μια σειρά από επικρίσεις:

- Πρώτον, αν και είναι αλήθεια ότι πολλοί οργανισμοί ξεκινούν συνήθως με μη εξελιγμένες οργανικές δομές και καταλήγουν σε πολύ εξελιγμένες δομές, θα ήταν παράλογο να ισχυριστεί κανείς ότι όλοι οι οργανισμοί περνούν αναγκαστικά από κάθε μία από αυτές τις φάσεις. Ορισμένες επιχειρήσεις παραμένουν στάσιμες, οπισθοδρομούν ή παραλείπουν βήματα, ενώ άλλες εξαγοράζονται από μεγαλύτερες εταιρείες ή πτωχεύουν.

- Δεύτερον, αυτό το σενάριο ανάπτυξης της εταιρείας παραμένει πολύ θεωρητικό. Μέχρι σήμερα, καμία μελέτη δεν έχει προσδιορίσει με ακρίβεια τα κρίσιμα κατώφλια στα οποία ενεργοποιούνται οι κρίσεις. Με άλλα λόγια, το μοντέλο αυτό αποτελεί περισσότερο ένα πλαίσιο ανάλυσης παρά ένα επιχειρησιακό εργαλείο.

- Το μοντέλο ανάπτυξης Greiner δεν ρίχνει φως στους καθοριστικούς παράγοντες της αλλαγής ή στις ίδιες τις διαδικασίες της αλλαγής. Επιπλέον, δεν εξηγεί τα αίτια της αποτυχίας, τους βαθύτερους λόγους της αλλαγής ή τον τρόπο με τον οποίο αναπτύσσονται οι κρίσεις.

- Το μοντέλο δεν επιτρέπει στους χρήστες να αναλύσουν τη φάση που ακολουθεί την ωριμότητα, η οποία είναι το στάδιο στο οποίο βρίσκονται οι περισσότερες σημερινές επιχειρήσεις.

- Τέλος, ο συγγραφέας δεν λαμβάνει υπόψη στην ανάλυσή του τις αλληλεπιδράσεις μεταξύ των διαφόρων τμημάτων του οργανισμού ή την τυχαιότητα του ρυθμού των αλλαγών.

ΣΧΕΤΙΚΑ ΜΟΝΤΕΛΑ ΚΑΙ ΕΠΕΚΤΑΣΕΙΣ

Το μοντέλο της διακεκομμένης ισορροπίας

Το μοντέλο αυτό βασίζεται στην ιστορική διάσταση, παραχωρώντας στον ηγέτη περιορισμένο ρόλο στη διαχείριση της αλλαγής. Με αυτόν τον τρόπο, είναι παρόμοιο με τη σχολή σκέψης του εθελοντισμού, δεδομένου ότι θεωρεί ότι τα περισσότερα συστήματα έχουν όρια όσον αφορά την αποδεκτή αλλαγή. Πέρα από αυτά τα όρια, η ανάπτυξη της επιχείρησης υφίσταται μια θεμελιώδη αναδιοργάνωση. Αυτό έρχεται σε αντίθεση με το μοντέλο που δημιούργησε ο Greiner.

Οι στοχαστές πίσω από το μοντέλο της διακεκομμένης ισορροπίας ήταν η Elaine Romaneli (καθηγήτρια στρατηγικής και επιχειρηματικής διαχείρισης) και ο Michael L. Tushman (ειδικός στη στρατηγική διαχείριση) το 1983. Δηλώνουν ότι ένας οργανισμός βιώνει μεγάλες περιόδους σταθερότητας που διαδέχονται περίοδοι στρατηγικού αναπροσανατολισμού, οι οποίες είναι τραυματικές για την εταιρεία και τα ενδιαφερόμενα μέρη της. Χαρακτηρίζουν τη βασική δομή της επιχείρησης σύμφωνα με τις πέντε διαστάσεις των αξιών της επιχείρησης:

- προϊόντα,

- αγορές και τεχνολογίες,

- κατανομή της εξουσίας στον οργανισμό,

- οργανωτική δομή,

- φύση και είδος του ελέγχου.

Ο κύριος υποστηρικτής της θεωρίας της διακεκομμένης ισορροπίας είναι η Connie Gersick, η οποία προσπαθεί να επιβεβαιώσει την εφαρμοσιμότητα της θεωρίας αυτής στους τομείς της διοίκησης και της βιολογίας, σε διάφορα επίπεδα ανάλυσης: άτομα, ομάδες ατόμων και επιχειρήσεις.

Άλλες επεκτάσεις

Προκειμένου να αναλύσει λεπτομερώς τις λειτουργικές διαδικασίες της οργανωτικής αλλαγής, ο ειδικός στα χρηματοοικονομικά David Marsh (γεννημένος το 1952) ανέπτυξε μια θεωρία της αλλαγής που επικεντρώνεται στην καθημερινή ζωή του οργανισμού.

Σύμφωνα με τον Andrew Pettigrew (καθηγητής στρατηγικής και οργάνωσης στο Πανεπιστήμιο της Οξφόρδης, γεννημένος το 1944), η αλλαγή δεν πρέπει να θεωρείται ως μια συγκεκριμένη στιγμή μεταξύ δύο περιόδων σταθερότητας, αλλά ως ένα διαρκώς παρόν στοιχείο που είναι πιο ορατό σε περιόδους κρίσης. Για τον συγγραφέα, η διαδικασία της οργανωτικής αλλαγής μπορεί να γίνει κατανοητή εξετάζοντας την εταιρική κουλτούρα και πολιτική. Επισημαίνει το γεγονός ότι η οργανωτική αλλαγή είναι η επισημοποίηση μιας σταδιακής διαδικασίας, η οποία δεν είναι ορατή ή προγραμματισμένη.

Επιπλέον, ο Henry Mintzerg (1992) θεωρεί ότι υπάρχει μια συναίνεση που δηλώνει ότι οι γενικεύσεις είναι λιγότερο πολύτιμες από την ανάδειξη περιπτώσεων, περιστάσεων και πλαισίων, όπου οι υποθέσεις επιβεβαιώνονται. Η αλλαγή προέρχεται από τα ανώτερα επίπεδα του οργανισμού και υλο-ποιείται από τα κατώτερα επίπεδά του.

ΠΡΑΚΤΙΚΗ ΕΦΑΡΜΟΓΗ: KODAK

Τον Ιανουάριο του 2012, μια κρίση συγκλόνισε τον κόσμο της φωτογραφίας, όταν ένας κορυφαίος κατασκευαστής φωτογραφικών μηχανών, η Kodak, κήρυξε πτώχευση. Ωστόσο, όλα είχαν ξεκινήσει καλά για την Eastman Kodak Company.

ΦΑΣΗ ΔΗΜΙΟΥΡΓΙΚΟΤΗΤΑΣ

Μετά από έρευνες που διεξήγαγε ο ιδρυτής της George Eastman (Αμερικανός βιομήχανος, 1854-1932), ο όμιλος Kodak υπέβαλε αίτηση για δίπλωμα ευρεσιτεχνίας σχετικά με τη μέθοδο και τη συσκευή για την παραγωγή πλακών γαλακτώματος (φωτογραφικό υπόστρωμα για την επίτευξη ποιοτικών φωτογραφιών) το 1885. Με το σλόγκαν "Εσείς πατάτε το κουμπί, εμείς κάνουμε τα υπόλοιπα", το διάσημο εμπορικό σήμα Kodak εμφανίστηκε για πρώτη φορά το 1888, όταν κυκλοφόρησαν στις Ηνωμένες Πολιτείες οι πρώτες φωτογραφικές μηχανές που χρησιμοποιούσαν φωτογραφικό φιλμ. Από εκείνο το σημείο και έπειτα, η εταιρεία αναγνωρίστηκε ως καινοτόμος: διέθεσε στην αγορά και έκανε δημοφιλή τις φωτογραφικές μηχανές που χρησιμοποιούσαν φωτογραφικό φιλμ και τις πτυσσόμενες φωτογραφικές μηχανές τσέπης σε όλο τον κόσμο.

Αυτή η φάση ανάπτυξης οδήγησε στην κρίση ηγεσίας. Με πολλά εργοστάσια και χιλιάδες υπαλλήλους σε όλο τον κόσμο, ο William G. Stuber (Αμερικανός μάνατζερ, 1864-1959) αντικατέστησε τον George Eastman ως επικεφαλής του ομίλου Kodak και παρέμεινε στη θέση αυτή μέχρι το 1934. Στη συνέχεια τον ακολούθησαν αρκετοί άλλοι έμπειροι μάνατζερ.

ΦΑΣΗ ΚΑΤΕΥΘΥΝΣΗΣ

Μέχρι το 1960, η Kodak είχε σχεδόν 80 000 υπαλλήλους. Η εκθετική ανάπτυξη της εταιρείας συνεχίστηκε με πολλές εφευρέσεις, συμπεριλαμβανομένης της ψηφιακής φωτογραφικής μηχανής που αναπτύχθηκε το 1975 από τον Αμερικανό μηχανικό Steve Sasson (γεννημένος το 1950). Το προϊόν αυτό προωθήθηκε ανεπαρκώς ή δεν προωθήθηκε καθόλου, από φόβο μήπως βλάψει την επικερδή αγορά φωτογραφικών φιλμ, στην οποία κυριαρχούσε η Kodak. Για πολλούς παρατηρητές, ήταν ακριβώς αυτή η ψηφιοποίηση που θα προκαλούσε αργότερα την κατάρρευση της πολυεθνικής εταιρείας. Με πωλήσεις που ξεπέρασαν τα 10 δισεκατομμύρια δολάρια το 1981, η εταιρεία ήταν γνωστή όχι μόνο για τις φωτογραφικές μηχανές, αλλά και για τη χρήση των εικόνων στους τομείς του ελεύθερου χρόνου, των τηλεφώνων, της επιστήμης, της ψυχαγωγίας και του εμπορίου.

Προκειμένου να εδραιώσει την επιρροή της, η Kodak συνεργάστηκε με την *Compagnie Générale des Établissements Pathé Frères Phonographes & Cinématographes* του Charles Pathé (Γάλλος πρωτοπόρος στη βιομηχανία φιλμ και ηχογραφήσεων, 1863-1957). Η ένωση αυτή είχε ως αποτέλεσμα την εταιρεία Kodak-Pathé και θα βρισκόταν πίσω από πολλές κινηματογραφικές παραγωγές.

Η εταιρεία συνέχισε να επενδύει στην έρευνα και την ανάπτυξη και ως εκ τούτου απασχολούσε αρκετούς μηχανικούς, αλλά και πολλά επίπεδα διοίκησης. Αυτό δημιούργησε ένα χάσμα μεταξύ της διοίκησης και των ερευνητικών εργαστηρίων, με αποτέλεσμα ορισμένες ατυχείς στρατηγικές αποφάσεις. Τα διευθυντικά στελέχη δεν επέτρεψαν να διατεθούν στην αγορά ορισμένες επαναστατικές καινοτομίες (αισθητήρες εικόνας CCD, ψηφιακές ακτίνες Χ, ψηφιακή φωτογραφία κ.λπ.) από φόβο μήπως διακυβευθούν τα υψηλά περιθώρια κέρδους από την πώληση φωτογραφικών φιλμ.

Η Kodak βίωσε μια κρίση αυτονομίας: πολλοί μηχανικοί εγκατέλειψαν την εταιρεία για να διαθέσουν τις εφευρέσεις τους αλλού με τη συγκατάθεση του πρώην εργοδότη τους.

ΦΑΣΗ ΑΝΑΘΕΣΗΣ ΚΑΙ ΣΥΝΤΟΝΙΣΜΟΥ

Παρά τη μικρή πτώση, η ανάπτυξη της εταιρείας συνεχίστηκε χάρη στους σημαντικούς οικονομικούς πόρους (για κάθε δολάριο φωτογραφικού φιλμ Kodak που πωλούνταν, η έρευνα λάμβανε πέντε σεντς).

Μια κρίση ελέγχου εκτυλίσσεται τώρα: στα εργαστήρια επικρατεί μια σχετικά χαλαρή στάση- οι εμπορικές υπηρεσίες προτιμούν την έρευνα που βασίζεται στα προϊόντα και όχι στην τεχνολογία ή στις ανάγκες των καταναλωτών- οι συζητήσεις και οι αποφάσεις σχετικά με την εμπορία των καινοτομιών διαρκούν μήνες, σπαταλώντας πολύτιμο χρόνο. Μερικές φορές, οι αντιπρόσωποι πωλήσεων που είχαν απορρίψει μια καινοτομία χωρίς ανάλυση ζητούσαν από τους ερευνητές να την αναπτύξουν λίγους μήνες αργότερα (κρίση γραφειοκρατίας).

Για την επίλυση αυτής της κρίσης ελέγχου, ο Colby H. Chandler διορίστηκε διευθύνων σύμβουλος της Kodak τον Μάιο του 1983 και παρέμεινε στη θέση αυτή μέχρι τον Ιούνιο του 1990. Ήταν υπεύθυνος για τον επαναπροσδιορισμό των καθηκόντων και των λειτουργιών της διοίκησης. Η λύση της κρίσης γραφειοκρατίας θα γινόταν ορατή μόνο μετά την πτώχευση τον Ιανουάριο του 2012.

ΦΑΣΗ ΣΥΝΕΡΓΑΣΙΑΣ

Περιορισμένη στην επικερδή αγορά φωτογραφικών φιλμ για πολλά χρόνια, η Kodak εισήλθε αργά στην ψηφιακή αγορά και δεν είχε επιτυχία με τη σειρά προϊόντων EasyShare. Από το 2007, η εταιρεία αντιμετώπισε οικονομικές δυσκολίες. Ως απάντηση, αποφάσισε να πουλήσει τις πατέντες της, να αναδιαρθρώσει τα τμήματά της, να σφυρηλατήσει νέες συνεργασίες, να αποσχιστεί από διάφορες συνεργαζόμενες εταιρείες σε όλο τον κόσμο και να εγκαταλείψει την παραδοσιακή της δραστηριότητα (φωτογραφικό φιλμ) για να επικεντρωθεί περισσότερο στις σύγχρονες τεχνολογίες (ψηφιακή φωτογραφία και κινηματογράφος).

Δυστυχώς, όλες αυτές οι προσπάθειες δεν έφεραν τα αναμενόμενα αποτελέσματα. Τον Ιανουάριο του 2012, η εταιρεία τέθηκε υπό την προστασία του αμερικανικού πτωχευτικού δικαίου. Ένα χρόνο μετά την υποβολή αίτησης πτώχευσης και το κλείσιμο 13 εργοστασίων, η Kodak ξεκίνησε από την αρχή με 8.500 εργαζόμενους. Τεχνικά έτοιμη, η εταιρεία ανέπτυξε εφαρμογές (ακόμα σε φάση πρωτοτύπου) για να επιστρέψει στο επίκεντρο. Ωστόσο, θα χρειαζόταν αρκετές καινοτομίες και εμπνευσμένους και παρακινητικούς ηγέτες για να διαρκέσει η δειλή ανάκαμψη.

Προς το παρόν, η Kodak προσφέρει μια μοναδική σειρά εκτυπωτών inkjet. Αυτοί οι εκτυπωτές νέας γενιάς διαθέτουν σαρωτή που μπορεί να λειτουργήσει ως φωτοτυπικό και επιτρέπουν εκτυπώσεις με χαμηλότερο κόστος σε σύγκριση με τους ανταγωνιστές όπως η HP ή η Epson.

- 34 -

ΠΕΡΙΛΗΨΗ

- Ο Larry E. Greiner έχει δείξει ότι μια επιχείρηση βιώνει εναλλασσόμενες φάσεις ανάπτυξης και κρίσης κατά τη διάρκεια της ανάπτυξής της. Αυτές οι περίοδοι αλλαγής αποτελούν αναπόσπαστο μέρος ενός οργανισμού. Για να εξασφαλίσει τη βιωσιμότητά του, ο οργανισμός πρέπει να ενσωματώσει την έννοια του κύκλου ζωής και να την αξιοποιήσει πλήρως για να αποκομίσει τα οφέλη και να διεκδικήσει την παρουσία του στην αγορά.

- Οι πέντε φάσεις του κύκλου ζωής μιας εταιρείας είναι:

  - δημιουργικότητα,

  - κατεύθυνση,

  - αντιπροσωπεία,

  - συντονισμό,

  - συνεργασία.

- Παρά τους αδιαμφισβήτητους παραλληλισμούς μεταξύ του κύκλου ζωής των επιχειρήσεων και του ανθρώπου, ορισμένες επιχειρήσεις μπορεί να μην βιώσουν την τελευταία φάση του κύκλου ανάπτυξης: την παρακμή ή τον θάνατο.

- Αν και το μοντέλο ανάπτυξης Greiner είναι περισσότερο ένα πλαίσιο ανάλυσης παρά ένα επιχειρησιακό εργαλείο, το μοντέλο της διακεκομμένης ισορροπίας δείχνει ότι είναι δυνατόν να ξεπεράσουμε αυτές τις προσεγγίσεις όσον αφορά συγκεκριμένους κύκλους αλλαγής, ιδίως με το μοντέλο που δημιούργησε ο Andrew Pettigrew.

- Τέλος, η ιστορία της Kodak δείχνει ότι η καινοτομία και η αλλαγή αποτελούν βασικούς παράγοντες για την επιτυχία μιας εταιρείας.

ΠΕΡΑΙΤΕΡΩ ΑΝΑΓΝΩΣΗ

ΒΙΒΛΙΟΓΡΑΦΙΑ

Atamer, T. and Calori, R. (1998) *Diagnostic et décisions stratégiques*. Paris: Dunod.

Barthélemy, J. (1999) L'externalisation : une forme organisationnelle nouvelle. *Actes de la huitième conférence de l'Association internationale de management stratégique.*

Demers, C. (2007) *Οργανωτικές θεωρίες αλλαγής: A Synthesis*: *A Synthesis.* Thousand Oaks: Thousand Oaks: Sage Publications, Inc.

Desreumaux, A. (1996) Nouvelles formes d'organization et évolution de l'entreprise. *Revue française de gestion.* pp. 86-108.

Deval, E. and Nury, G. (2009) *La notion de cycle biologique intégrée par le management.* Valence: Institut Supérieur Technologique Montplaisir.

Gersick, C. (1991) Θεωρίες επαναστατικής αλλαγής: A Multilevel Exploration of the Punctuated Equilibrium Paradigm. *The Academy of Management Review.* Τόμος 16, σσ. 10-36.

Giordani, Y. (1995) Management stratégique et changement organisationnel : quelles représentations? *Les nouvelles formmes organisationnelles.* Paris: Paris: Economica, σ. 161-179.

Gould, S. J. (1990) *The Panda's Thumb.* Λονδίνο: Penguin.

Greiner, L. E. (1972) Evolution and Revolution as Organizations Grow. *Harvard Business Review.* 37-46.

Henriet, B. (1999) La gestion des ressources humaines face aux transformations organisationnelles. *Revue française de gestion*. σ. 82-93.

Lemaire, L. (2003) *Systèmes de gestion intégrés. Des technologies à risques?* Paris: Éditions Liaisons.

Mintzberg, H., Thomas, J. M. and Bennis, W.G: *The Management of Change and Conflict (Η διαχείριση της αλλαγής και της σύγκρουσης)*. Νέα Υόρκη: The Free Press.

Peretti, J.-M. (1998) *Ressources humaines et gestion du personnel*. Paris: Vuibert.

Perret, V. (χωρίς ημερομηνία) *Rythme et processus de changement : processus incrémental ou révolutionnaire*. Dossier Management du Changement et TIC. [Online]. [Πρόσβαση 23 Δεκεμβρίου 2014]. Διαθέσιμο από: < http://dea128fc.free.fr/CoursA/A2-ManagementChangement&TIC/expo/valery/DEA128FC-Processus%20incr%E9mental%20et%20r%E9volutionnaire.pdf>

Perret, V. και Josserand, E. (2003) *Le paradoxe. Penser et gérer autrement les organizations*. Paris: Éditions Ellipses.

Pettigrew, A. (1987) Context and Action in the Transformation of the Firm. *Journal of Management Studies*. 24(6), σ. 649-670.

Quinn, J. B. (1980) *Στρατηγικές για αλλαγή: Λογικός σταδιακισμός: Logical Incrementalism*. Homewood, Illinois: Irwin, Inc.

Reix, R. (1990) L'impact organizationnel des nouvelles technologies de l'information. *Revue française de gestion*. pp. 100-106.

Romanelli, E. and Tushman, M. (1996) Αδράνεια, περιβάλλοντα και στρατηγική επιλογή: Ένας οιονεί πειραματικός σχεδιασμός για συγκριτική διαχρονική έρευνα. *Management Science*. 32(5), σ. 608-621.

ΠΡΟΣΘΕΤΕΣ ΠΗΓΕΣ

Mullins, L. J. (2016) *Management and Organisational Behaviour.* Edinburgh: Pearson.

Θέλουμε να σας ακούσουμε!
Αφήστε ένα σχόλιο για την ηλεκτρονική σας βιβλιοθήκη
και μοιραστείτε τα αγαπημένα σας βιβλία στα μέσα κοινωνικής δικτύωσης!

MASLOW'S
HIERARCHY
OF NEEDS

Personal
accomplishment
Esteem
Belonging
Security
Physiologic

THE SWOT
ANALYSIS

Strengths
Weaknesses
Opportunities
Threats

Κύριο ISBN: 9782808600361
ISBN: 9782808601818
Νόμιμη κατάθεση: D/2022/12603/182

Ψηφιακός σχεδιασμός: Primento,
ο ψηφιακός συνεργάτης των εκδοτών.